Pièce
62

EXTRAIT
DES LOIS NOUVELLES

REVUE BI-MENSUELLE DE LÉGISLATION ET DE JURISPRUDENCE

Emile SCHAFFHAUSER, Directeur

UNE

RÉVOLUTION FISCALE

TRANSFORMATIONS SUCCESSIVES DES DROITS FIXES
DE TIMBRE ET D'ENREGISTREMENT

EN UNE TAXE PROPORTIONNELLE A L'IMPORTANCE DES AFFAIRES

COMMENTAIRE

des articles 2 à 10 de la loi de finances du 22 avril 1905

PAR

Henri CHEVRESSON
Avocat
Secrétaire des *Lois nouvelles*

Jules ARNAULT
Inspecteur
de l'Enregistrement

Prix : 0 fr. 50.

PARIS

Aux Bureaux des LOIS NOUVELLES
9, *Rue Bleue*, 9

1905

PUBLICATIONS DE M. ARNAULT

Cadastre ou Livre Foncier

Brochure in-octavo, 1891.

Librairie MARCHAL et BILLARD, 27, place Dauphine.

Prix : **1 franc.**

La Réforme hypothécaire au Sénat et à la Commission du cadastre

Extrait du journal « *La Loi* » des 25-26-28 et 29 juillet 1897.

Chez V. GIARD et E. BRIÈRE, 16, Rue Soufflot.

Prix : **1 fr. 50**

La Réalisation immédiate de la réforme foncière

Extrait de la « *Revue politique et parlementaire* ».

Librairie Marescq Aîné

A. CHEVALIER-MARESCQ et Cie, Éditeurs
20, rue Soufflot.

Prix : **0 fr. 60.**

La Question du cadastre et des hypothèques

En collaboration avec M. Bouissou
Juge d'Instruction au tribunal de la Seine.

Aux bureaux des LOIS NOUVELLES
9, rue Bleue

Prix : **1 fr. 50.**

Examen des divers projets d'organisation foncière

En collaboration avec M. Henri Chevresson
Avocat à la Cour de Paris.

Aux bureaux des LOIS NOUVELLES, 9, *rue Bleue*

Prix : **1 franc.**

UNE RÉVOLUTION FISCALE

Transformations successives des droits fixes de timbre et d'enregistrement en une taxe proportionnelle à l'importance des affaires.

COMMENTAIRE

Des articles 2 à 10 de la loi de finances du 22 avril 1905.

EXTRAIT
DES LOIS NOUVELLES

REVUE BI-MENSUELLE DE LÉGISLATION ET DE JURISPRUDÉNCE

Emile SCHAFFHAUSER, Directeur

UNE

RÉVOLUTION FISCALE

TRANSFORMATIONS SUCCESSIVES DES DROITS FIXES
DE TIMBRE ET D'ENREGISTREMENT

EN UNE TAXE PROPORTIONNELLE A L'IMPORTANCE DES AFFAIRES

COMMENTAIRE

des articles 2 à 10 de la loi de finances du 22 avril 1905

PAR

Henri CHEVRESSON
Avocat
Secrétaire des *Lois nouvelles*

Jules ARNAULT
Inspecteur
de l'Enregistrement

Prix : 0 fr. 50.

PARIS

Aux Bureaux des LOIS NOUVELLES
9, *Rue Bleue*, 9

1905

UNE RÉVOLUTION FISCALE

Transformations successives des droits fixes de timbre et d'enregistrement en une taxe proportionnelle à l'importance des affaires.

COMMENTAIRE

Des articles 2 à 10 de la loi de finances du 22 avril 1905.

---

1. — Introduction.

A. — La loi de finances du 26 janvier 1892 contient, sous les articles 4 à 25, un ensemble de dispositions qui ont eu leur application à partir du 1er juillet 1892, et qui ont tendu à proportionner le montant des frais de justice à l'importance des litiges.

En adoptant ces mesures, les pouvoirs publics n'ont pas dissimulé leur intention de continuer la réforme des droits de timbre et d'enregistrement, au fur et à mesure que les circonstances le permettraient.

Les mesures adoptées en 1892, sur l'initiative de M. Brisson, ont consisté dans l'abolition presque complète des droits de greffe perçus au profit du Trésor, dans la suppression ou la réduction d'un certain nombre de droits fixes de timbre et d'enregistrement, et enfin dans l'augmentation des droits porportionnels en vigueur et la création d'un nouveau droit, également proportionnel, applicable à certains actes nommément désignés.

Depuis la loi du 26 janvier 1892, il ne s'est passé aucune année sans que le Parlement fût saisi de nouvelles propositions émanant, soit de l'initiative parlementaire, soit de celle du Gouvernement, et tendant à améliorer la législation des droits de timbre et d'enregistrement.

La loi de 1892 était à peine votée, que M. Brisson revenait à la charge et obtenait le vote d'une nouvelle loi (loi du 28 avril 1893 relative à la suppression de droits fixes d'enregistrement et à leur remplacement par un droit proportionnel.

« Le Parlement, disaient MM. Henri Brisson et Dupuy-Dutemps à l'appui de leur nouvelle proposition, a sanctionné dans la loi de finances du 23 janvier 1892, une partie des propositions faites par un grand nombre d'entre vous pour faire disparaître la criante improportionnalité qui, grâce à la multiplicité des droits fixes, pesait sur les frais de justice. Sans doute, les résultats que vous poursuiviez n'ont pas été complètement atteints ; certains abus ont néanmoins disparu d'autres ont été sensiblement atténués ; le Gouvernement et l'administration de l'Enregistrement, répudiant des théories surannées, ont réclamé à côté de vous, en une matière que l'on prétendait réservée à l'application de principes différents, la fin d'un *état de choses contraire au principe de l'égale répartition des charges publiques.* » Cette déclaration, renouvelée plusieurs fois à la tribune, devait porter ses fruits. Les droits de greffe ont disparu; disparu aussi les droits et même la formalité de l'enregistrement pour les actes de palais ; disparue enfin la pluralité des droits fixes sur les jugements et les arrêts. Quant aux actes de procédure, ils ont subi d'importantes réductions. La réforme des frais de justice, même avec les restrictions apportées au cours de la discussion, constitue donc un progrès sensible ; mais d'après M. le Ministre des Finances lui-même, il faut ne considérer ce progrès *« que comme le gage, comme l'amorce de modifications prochaines, de réformes plus profondes et de progrès futurs. »*

.·.

Lors de la discussion du budget de la justice en 1902, M. Bertrand, député de la Marne, cita quelques chiffres qui montraient comment, malgré le vote des lois de 1892 et 1893, la législation fiscale laissait encore à désirer.

Tous les ans on vend par autorité de justice un nombre considérable d'immeubles. Si l'on prend la moyenne des frais nécessités par ces opérations, on trouve qu'elle ne dépasse pas 1,28 0/0 du prix de vente, ce qui est un taux très raisonnable ; mais cette moyenne comporte des écarts considérables, car pour les immeubles d'une valeur supérieure à 10.000 francs, par exemple, le coefficient de frais tombe à 2,33 0/0, tandis que pour les immeubles de 500 francs et au-dessous, il s'élève au taux véritablement monstrueux de 106 0/0.

Ainsi donc, les pauvres payent environ 46 fois plus que les riches, et cette iniquité fiscale n'est pas seulement odieuse parce qu'elle atteint la classe la plus humble des contribuables ; elle l'est encore, parce qu'elle détruit une des forces sur lesquelles repose la puissance économique de notre pays. Le garde des sceaux lui-même l'a reconnu. « Il y a là la destruction systématique, par l'autorité judiciaire, par l'autorité sociale, par la société, de la propriété la plus intéressante, de celle qui devrait être la mieux protégée. »

Les promesses du garde des sceaux en 1902 ne sont que le renouvellement des promesses faites chaque année au Parlement lors de la discussion du budget du Ministère de la Justice, et il suffit d'ouvrir le *Journal officiel* au hasard pour y constater des faits analogues à ceux signalés par M. Bertrand en 1902.

A la séance du Sénat du 5 mars 1897, M. Hervé de Saisy signalait le fait d'une licitation entre majeurs en date du 14 juin 1894, moyennant un prix de 2750 francs, et dont les frais s'étaient élevés à 1730 fr., soit 62,90 0/0.

Le même sénateur signalait, d'après le *Bulletin officiel du Ministère de la justice*, no 76, une vente de biens de mineurs dont les frais avaient dépassé de 111 fr. 43 la somme réalisée.

.·.

B. — A ces pressantes objurgations, que répondait cependant le Ministre? Il répondait ce que l'on répond toujours en pareil cas, que la question est à l'étude et qu'elle préoccupe vivement le Gouvernement.

On tourne ainsi dans un cercle vicieux, car, d'une part, les commissions qui étudient la réforme de la procédure sont arrêtées par la crainte de creuser un trou dans le budget et, d'autre part, il n'appartient pas aux commissions qui s'occupent de la réforme fiscale d'empiéter sur le rôle des commissions qui étudient les réformes de la législation civile.

Dans cette course fort peu précipitée à une amélioration de notre législation, c'est jusqu'ici la commission du budget qui paraît avoir pris les mesures les plus efficaces pour faire cesser un état de choses dont on peut dire, sans aucune exagération, qu'il est une véritable honte.

Les hommes d'Etat de tous les partis ont été unanimes à demander la réforme des droits de timbre et d'enregistrement. La loi du 27 juillet 1900 sur la réforme hypothécaire est due à la collaboration de MM. Caillaux, ministre des finances, Bertrand, Klotz et Merlou députés, avec M. Boulanger sénateur.

Dans le projet de loi déposé par M. Caillaux, Ministre des finances à la Chambre le 19 février 1900 (*J. O.*, 4 mars, n° 1429, p. 533), le gouvernement faisait ressortir que les droits fixes qui grevaient la transcription d'une vente de 100 francs s'élevaient à 7 fr. 49, et que ceux qui grevaient la transcription d'une vente de 100.000 francs n'étaient que de 0 fr. 025 0/0.

Pour un prêt de 100 francs, les droits s'élevaient à 2 fr. 86, tandis que pour un prêt de 100.000 francs ils n'étaient que de 0 fr. 13 pour 100 francs.

« Ces inégalités, ajoutait M. Caillaux, sont singulièrement aggravées par la qualité et par le nombre de ceux qui en souffrent. Ce sont les petits propriétaires, les petits cultivateurs qu'elles atteignent, et c'est par centaines de mille qu'on peut les compter chaque année.

« Nous savons, en effet, que le nombre des ventes immobilières s'élève à 700.000 par an environ. Sur ces 700.000 ventes, 64.000 portent un prix inférieur à 5.000 francs et 470.000 un prix inférieur à 1.000 fr. Il est vrai que toutes ne sont pas transcrites et cela s'explique, sans doute, par le chiffre relativement élevé de l'impôt pour les plus petites ».

. .

C. — La loi de finances du 22 avril 1905 contient de nouvelles dispositions destinées, non pas malheureusement à compléter, mais à continuer l'œuvre commencée en 1892, 1893 et 1900.

Nous avons demandé à un de nos collaborateurs, M. Jules Arnault, de nous faire, pour les lecteurs des *Lois Nouvelles*, un commentaire des articles 2 à 10 de la loi budgétaire.

Notre collaborateur s'était d'abord récusé en nous faisant remarquer que les nouvelles dispositions étaient très claires, qu'elles ne paraissaient devoir donner lieu à aucune difficulté et qu'un commentaire semblait inutile.

Mais nous avons insisté, car il nous a paru intéressant de faire examiner la question de savoir si la nouvelle amélioration apportée au régime des droits de timbre et d'enregistrement était une solution définitive de la question ou si, au contraire, l'œuvre du Parlement n'était qu'un premier mot sur cette question.

La réponse de notre collaborateur ne pouvait être douteuse.

Dès l'année 1890, avec un ancien contrôleur des Contributions directes, M. Paul Degouy, il avait entrepris dans le journal la *Justice*, dirigé par MM. Clémenceau et Pelletan, une vigoureuse campagne en faveur de la réforme des droits de timbre et d'enregistrement.

Lors de la réunion du congrès de la propriété foncière, MM. Degouy et Arnault avaient émis le vœu que « tous les droits de timbre et d'enregistrement perçus à l'occasion d'une affaire foncière quelconque, amiable ou judiciaire, telle que vente, ordre, procès, saisie, licitation, adjudication, partage ; réduction, radiation, mainlevée de privilège ou d'hypothèque ; échange, donation, succession, etc., etc., soient *fondus* en une taxe unique proportionnelle à l'importance de l'affaire, s'appliquant non seulement à la minute, mais encore à la grosse et aux expéditions nécessaires d'après le nombre des parties.

« Que cette taxe comprenne même les salaires des conservateurs des hypothèques, sauf à l'État à rémunérer ces agents d'après la responsabilité qu'ils peuvent encourir et le travail matériel auquel chaque formalité donne lieu. »

Cette proposition des deux congressistes fut rejetée, sans que nous ayons bien compris pourquoi, par le congrès de la propriété foncière : mais l'idée a prévalu dans les lois des 27 juillet 1900 et 22 avril 1905, et nul ne nous a paru plus qualifié que l'un des auteurs de cette proposition pour exposer à nos lecteurs les divers développements dont l'idée de la proportionnalité de l'impôt à l'importance des affaires était susceptible, puisque le Ministre des finances lui-même a reconnu en 1892 que la loi du 26 janvier n'était que : « *l'amorce de réformes plus profondes et de progrès futurs.* »

II. — **Commentaire des articles 2 à 10 de la loi de finances du 22 avril 1905.**

1. — Loi Brisson du 26 janvier 1892. — Depuis l'avènement de la République, des efforts successifs sont faits par le Parlement et par les pouvoirs publics pour améliorer notre législation fiscale, notamment en ce qui concerne la perception des droits de timbre et d'enregistrement.

Après la guerre, il fallut pourvoir aux dépenses qui s'imposaient au pays avec une impérieuse nécessité. Deux lois des 23 août 1871 et 28 février 1872 pourvurent aux premiers besoins du Trésor, augmentèrent les impôts existants ou créèrent de nouvelles taxes ; mais dès qu'il fut possible, les nouvelles charges imposées aux contribuables furent diminuées et, pour ne parler que de la période la plus récente, les lois des 27 juillet 1900 et 25 février 1901 vinrent apporter un peu plus de justice dans la perception des droits d'enregistrement.

En 1892, M. Henri Brisson avait donné le signal de cette évolution fiscale en proposant les mesures qui ont trouvé place sous les numéros 4 à 25 de la loi des finances du 26 janvier 1892.

Dans la préface d'un ouvrage qui vient de paraître (1), M. Brisson a raconté lui-même les raisons qui le poussèrent à présenter, le 27 janvier 1891, sa première proposition sur la réforme des frais de justice.

« L'abaissement des taxes diverses, dit-il, comprises sous ce nom, avait été souvent demandé; mais c'était une réforme que l'on avait l'habitude d'aborder par la revision du Code de procédure civile, la suppression de certaines formalités, la simplification de plusieurs autres. J'avais moi-même, comme Garde des Sceaux, présenté en 1885 à M. le Président de la République, un rapport concluant à cette revision; mes successeurs avaient déposé des projets de loi ; mais, d'une part, la revision du Code de procédure est une œuvre de bien longue haleine ; la Chambre n'a pas pu encore la met-

---

1. — L'impôt sur les formalités et les décisions judiciaires. Bibliothèque de vulgarisation pratique. M. Provensal, directeur à Châteauroux, prix 8 francs.

tre à son ordre du jour ; d'un autre côté, le problème touche aux intérêts du Trésor. Il faut, en effet, distinguer :

« Les frais de justice comprenaient les honoraires des officiers ministériels et les taxes perçues au profit du Trésor sous forme de droits de greffe, d'enregistrement et de timbre. Les honoraires des officiers ministériels sont une question à part. Quant aux taxes publiques, elles formaient l'un des principaux obstacles à la réforme du Code de procédure. Dans mon rapport du 21 décembre 1885, je ne visais que les neuf premiers livres du Titre II et le Fisc, si ma mémoire est exacte, évaluait à 6 millions déjà les sommes qu'il perdrait à la disparition de certains actes condamnés par tout le monde. Ces actes, il fallait donc, pour écarter l'obstacle financier, les soustraire d'abord à toute taxation, en reportant la charge fiscale sur un autre moment du drame judiciaire, si l'on me passe l'expression ? »

2. — Insuffisance reconnue par M. Brisson lui-même de la loi du 26 janvier 1892. — Texte des articles 2 à 7 de cette loi.

— On sait que, afin de dégrever les petites ventes judiciaires, la loi du 23 octobre 1884 a autorisé la restitution de ceux des droits fixes que rendent exigibles les actes préparatoires à l'adjudication, lorsque le prix total n'excède pas 2000 francs. Par une mesure plus générale, la loi du 26 janvier 1892, proposée par M. Brisson, a supprimé ou réduit, en matière d'actes judiciaires, un grand nombre de droits fixes de timbre et d'enregistrement, et les a remplacés par une taxe proportionnelle aux valeurs exprimées; mais il s'en faut encore de beaucoup que l'impôt sur les procès soit exactement proportionnel à l'importance des valeurs litigieuses.

M. Brisson le reconnaît lui-même, et il conclut en proposant de préparer « un Code fiscal d'où disparaîtraient, avec les derniers droits « fixes, les procédés vexatoires de perception auxquels l'humble con- « tribuable a été soumis depuis plus d'un siècle. »

D'après l'État C. annexé à la loi des finances du 22 avril 1905, les produits de l'enregistrement sont évalués à 596.200.500 francs et les produits du timbre à 189.010.700 francs (1).

Les droits fixes des actes judiciaires et extra-judiciaires sont compris dans ces totaux pour 23.510.000 francs, et le produit des actes et écrits sujets au timbre de dimension est encore prévu pour 41 millions 247.000 francs.

Le Gouvernement reconnaît cependant la nécessité de substituer successivement le droit proportionnel au droit fixe, au fur et à mesure que l'occasion lui paraîtra favorable, sans risquer de compromettre l'équilibre budgétaire.

---

1. — *J. Off.* 23 avril 1905, p. 2595.

Les exemptions proposées par les articles 2 à 7 ont pour but de rendre plus exactement proportionnelles à l'importance des valeurs transmises les charges fiscales que supportent les mutations immobilières à titre onéreux : ils suppriment les droits de timbre afférents aux actes dressés pour constater ces transmissions, et ils compensent la perte qui en résulte pour le Trésor par le rehaussement de certains droits d'enregistrement. (*Inst. de l'enregistrement du 23 avril 1905*, n 3166).

Les articles 2 à 7 précités sont ainsi conçus :

Art. 2. — Le droit d'enregistrement des ventes d'immeubles, fixé à 5,50 0/0 en principal par l'article 52 de la loi du 28 avril 1816, est porté à 7 0/0, sans addition d'aucun décime, et la formalité de la transcription au bureau du conservateur des hypothèques ne donnera lieu à aucun droit proportionnel autre que la taxe établie par la loi du 27 juillet 1900.

Art. 3. — Le droit des échanges d'immeubles est fixé à 4,50 0/0, sans addition d'aucun décime, et la formalité de la transcription au bureau du conservateur des hypothèques ne donnera lieu à aucun droit proportionnel autre que la taxe établie par la loi du 27 juillet 1900. Sont maintenues les dispositions de la loi du 3 novembre 1884 concernant les échanges d'immeubles ruraux.

Art. 4. — Par dérogation à l'article 2 de la loi du 27 ventôse an IX, la perception des droits de 7 et 4,50 0/0 suivra les sommes de franc en franc, lorsqu'il s'agit de sommes et valeurs ne dépassant pas 500 francs.

Art. 5. — Le droit de 0 fr. 15 0/0, édicté pour les partages par l'article 19 de la loi du 28 avril 1893, est porté à 0 fr. 20 0/0.

Art. 6. — Les minutes, originaux et expéditions des actes ou procès-verbaux de vente, licitation ou échange d'immeubles, ainsi que les cahiers des charges relatifs à ces mutations, sont affranchis de tout droit de timbre.

Art. 7. — L'exemption du timbre n'est pas applicable aux actes, procès-verbaux et cahiers des charges spécifiés à l'article 6, qui contiennent des dispositions indépendantes dans le sens de l'article 11 de la loi du 22 frimaire an VII. Pourtant, ne peuvent pas être considérées comme dispositions indépendantes, pour l'application de la présente loi, la procuration donnée dans l'un de ces actes pour toucher le prix ou la soulte,

 u vendre les immeubles compris sur un cahier des charges ou
 procès-verbal de mise en vente, ainsi que toute déclaration de
 ommand contenue en l'acte même, ou encore tout payement
 ar subrogation effectué par un tiers en l'acquit de l'acqué-
 eur.

3. — Facilité avec laquelle la réforme partielle proposée par le Gouvernement a pu être effectuée. — Le Gouvernement avait calculé (1) que l'exemption proposée entraînerait un dégrève-ment de 4.400,000 francs environ, et que pour compenser la perte que le Trésor subirait de ce chef, il suffirait:

1º De porter à 7 0/0, sans addition de décimes, le droit de 6,875 0/0 perçu actuellement sur les ventes d'immeubles, soit un rehaussement de tarif de 0 fr. 125 0/0, ce qui donnerait une recette supplémentaire d'environ. . . . .   2.187.500 fr.

2º D'élever à 4 fr. 50 0/0, sans addition de déci-mes, le droit de 4 fr. 375 0/0 applicable aux échan-ges autres que ceux prévus par la loi du 3 novembre 1884, soit une augmentation de 0 fr. 125 0/0 et un produit supplémentaire de. . . . .   11.600 fr.

3º Et de fixer à 0 fr. 20 0/0 en principal le droit actuel de partage à 0 fr. 15 0 0.Ce rehaussement, qui établirait l'uniformité des tarifs pour tous les actes visés par l'article 19 de la loi du 28 avril 1893, pro-curerait une plus value de. . . . .   2.017.000 fr.

Total   4.216.100 fr.

Le Gouvernement faisait d'ailleurs remarquer que la moins-value de 181.000 francs qui ressortissait de ces calculs serait facilement com-blée par les droits de timbre auxquels demeureraient assujettis les actes qui ne contiennent pas exclusivement vente, licitation ou échange d'immeubles, mais renferment des dispositions indépendantes au sens de l'article 11 de la loi du 22 frimaire an VII.

Quand on voit la facilité avec laquelle s'effectue une réforme comme celle qui vient d'être adoptée par le Parlement, on est surpris qu'il ait fallu plus de cent ans pour apporter cette amélioration à la loi du 22 frimaire an VII.

4. — Brèche ouverte dans l'édifice de la loi du 22 frimaire an VII. —Abolition vraisemblable et à bref délai de presque tous les droits fixes de timbre et d'enregistrement. — Dans

---

1. — Projet de loi déposé à la Chambre des députés le 17 mai 1904, nº 1684.

son rapport du 7 novembre 1904, M. Clémentel, député, ancien receveur de l'Enregistrement et aujourd'hui ministre des Colonies, rappelait (1) les propositions faites en 1881 par M. Beugnot, en 1890 par M. Barbe, en 1891 par M. Siegfried, en 1894 par M. Burdeau, par M. Turrel et par M. de Ramel, en 1896 et en 1897 par MM. Doumer et Cochery, Ministres des Finances, en 1901 et 1902 par MM. Isambert, Flandin et Violette, etc. Tout cela pour n'aboutir qu'en 1905 à faire disparaître l'improportionnalité des droits de timbre et d'enregistrement, qui contribue à ce résultat que les charges d'une vente de 100 francs étaient de 24,43 0/0, ceux d'une vente de 300 francs de 12, 89 0/0, ceux d'une vente de 10.000 francs de 8, 61 0/0 et ceux d'une vente de 200.000 francs de 7,96 0/0.

Aujourd'hui la brèche est ouverte dans l'édifice de la loi du 22 frimaire an VII, et il n'y a aucune raison pour que le principe de la proportionnalité, admis pour les ventes et les échanges d'immeubles ne s'étende pas à toutes les affaires civiles et judiciaires et particulièrement à toutes les procédures.

C'est l'abolition vraisemblable et à bref délai, à peu près complète, des droits fixes de timbre et d'enregistrement qui ont subi des augmentations ayant presque quadruplé ces droits depuis le 22 frimaire an VII.

Le paragraphe 1 de l'article 68 de la loi de frimaire n'avait tarifé qu'à 1 franc les droits fixes des actes les plus usuels.

« Cette série de droits fixes, disait le rapport de Duchatel, qui embarrasse presque toujours les redevables et quelquefois les receveurs eux-mêmes, parce que les classifications ne sont pas de la plus exacte précision, et que, d'ailleurs, elles sont nombreuses, est encore un reste des vieilles conceptions que l'on peut écarter sans nul inconvénient et même sans préjudice pour le Trésor public. Il nous a paru convenable d'en venir à un mode uniforme, puisqu'il n'y a pas de motif pour que des actes de pure formalité soient assujettis à des droits différents.

« Nous pensons qu'un droit fixe, porté à 1 franc, soit pour les actes civils, soit pour les actes judiciaires non susceptibles du droit proportionnel, aura le double avantage de l'unité et d'un meilleur produit, car les actes les plus nombreux sont précisément ceux qui sont actuellement classés au-dessous de 1 franc. Cependant, nous avons reconnu la nécessité de quelques exceptions dont vous sentirez aisément la raison à la lecture du projet. Elles ne porteront que sur quelques actes pour lesquels le droit de 1 franc serait trop fort, et sur quelques autres à l'égard desquels il serait trop faible, non pas par rapport

---

1. — *Documents parlementaires*. Chambre, page 127, annexe n⁰ 2031.

au prix de la formalité, mais à cause de la nature même de ces actes. Je veux, dans ce dernier cas, parler des actes d'appel, de ceux de divorce, des notifications de recours au tribunal de cassation et des expéditions des jugements de ce tribunal. »

5. — Augmentation considérable des droits fixes depuis l'an VII. — Observations de M. Clémentel sur le principe des droitsfixes. — Transformation radicale de notre système fiscal.
— Si les droits fixes de timbre et d'enregistrement avaient été maintenus tels qu'ils avaient été votés en ''an VII, ils seraient restés supportables, mais le prix de la feuille de papier timbré, fixé à 0 fr. 25 par l'article 8 de la loi du 13 brumaire an VII, fut porté à 0 fr. 30 la même année par l'article 1 de la loi du 6 prairial, à 0,35 par la loi du 28 avril 1816, à 0,50 par celle du 2 juillet 1862 et à 0 fr. 60 par celle du 23 août 1871.

Les droits fixes d'enregistrement subirent une progression analogue, de telle sorte qu'un avis de parent tarifé à 1 franc par le n° 11 du § 1 de l'art. 68 de la loi du 22 frimaire an VII, fut porté à 7 fr. 50 par l'art. 4 de la loi du 28 février 1872, pour être cependant réduit à 3 fr. 75 par l'art. 24 de la loi du 28 avril 1893.

Une réaction devait fatalement se produire, et dans son rapport M. Clémentel s'est fait l'interprète exact des vœux de l'opinion publique en s'associant dans les termes suivants à la proposition du Gouvernement :

« Au moment, disait-il, où il importe de répartir aussi équitablement que possible les charges publiques, la justice commande de prendre pour base de l'impôt du timbre sur les ventes d'immeubles, non plus la superficie du papier employé pour la rédaction de la iminute ou de l'expédition de l'acte, mais l'importance de la transaction.

« Le projet actuel, qui est le complément naturel de la loi sur les formalités hypothécaires, atteint ce but. Mais, pour y parvenir plus complètement, il est indispensable, ainsi que cela a eu lieu pour les donations et les successions en vertu de l'article 11 de la loi du 30 mars 1902, de déroger aux dispositions de l'article 2 de la loi du 27 ventôse, an IX, d'après lesquelles la perception doit suivre les sommes de 20 francs en 20 francs, et de stipuler que le droit de vente sera liquidé de franc en franc jusqu'à 500 francs.

« Considérée isolément, la réforme proposée par le Gouvernement est modeste. Mais l'intérêt du projet ne doit pas être mesuré au chiffre des impôts qu'il doit supprimer ou remplacer. *Sa portée en est autrement grande quand on constate qu'il apporte une transformation radicale dans notre système fiscal.*

« C'est, en effet, le premier pas sérieux vers la disparition de l'obligation de se servir de papier timbré pour la rédaction des actes.

« Nous espérons que ce projet ne marque qu'une étape dans cette voie, et que, dans un avenir prochain, il sera possible, pour un très grand nombre d'autres contrats, d'atténuer de la même manière les négalités choquantes qui existent actuellement dans les taxes auxquelles ils sont assujettis.

« Il n'est pas inutile d'ajouter qu'en remplaçant des droits multiples de timbre et d'enregistrement par un impôt unique, exactement proportionnel aux valeurs transmises, l'État encaissera la même somme, et le contribuable connaîtra exactement le montant de sa dette.

« D'autre part, une exacte proportionnalité des droits en cette matière conduit non seulement à une répartition plus équitable de l'impôt, mais encore à un dégrèvement sensible des petites transactions immobilières. »

6. — Large interprétation donnée par l'administration de l'Enregistrement à la nouvelle législation fiscale. — Le mérite des lois bien faites est de se passer presque absolument de commentaire, et la nouvelle législation donnera lieu à d'autant moins de difficultés que l'administration de l'enregistrement a donné pour instruction à ses agents d'interpréter l'article 6 dans le sens le plus large.

« On doit, porte l'instruction 3166, notamment comprendre parmi
« les ventes tous les actes d'adjudications, reventes, cessions, rétroces-
« sions, retraits de réméré exercés après l'expiration des délais fixés
« dans le contrat primitif, déclarations de command emportant trans-
« mission, résolutions judiciaires de ventes, dès lors que ces actes
« ont pour objet des immeubles et qu'ils sont passibles du droit pro-
« portionnel d'engistrement, avec ou sans addition du droit de trans-
« cription (*Rappr. rapport de M. Clémentel, député, du 7 novembre* 1904,
« n° 2031, *p.* 11). Pour les licitations immobilières, il n'y a pas à dis-
« tinguer, suivant qu'elles font ou non cesser l'indivision (*même rap-*
« *port, loc. cit.*). Enfin, les échanges d'immeubles, avec ou sans soulte
« ou plus-value, rentrent tous dans les termes de l'article 6, qu'ils
« soient soumis au tarif ordinaire ou au tarif des droits d'enregistre-
« ment (*même rapport*). Mais les partages ne peuvent, en aucun cas,
« profiter de la dispense du timbre (*même rapport*), même s'ils con-
« tiennent une soulte ou retour rendant exigible le droit proportionnel
« de mutation immobilière. »

7. — Conventions diverses susceptibles de bénéficier prochainement de la nouvelle règle introduite dans la législa-

**tion des droits de timbre et d'enregistrement. — Opinion de
M. Brisson**. — Il n'y a pas de raison pour que prochainement,
peut-être dans le prochain budget, la règle de la proportionnalité
des taxes fiscales ne soit pas rendue applicable aux partages comme
aux ventes et aux échanges d'immeubles. Viendront ensuite, comme
M. Clémentel le fait prévoir, les conventions les plus usuelles, telles
que les baux, les obligations, les cautionnements, les prêts, les contrats de mariage, les décharges, les délégations, les marchés avec
leur cortège de devis et de cahiers des charges, les donations, les déli-
vrances de legs, les protêts qui pourraient être enregistrés gratis, sauf
à majorer le droit d'enregistrement de l'effet, les mainlevées, les
ordres, les prorogations de délai, les quittances, etc, en un mot
tous les actes révélant l'importance d'une affaire.

Mais ce sont surtout les frais de justice qui exigeraient l'application
de la règle de la proportionnalité de l'impôt à l'importance du litige,
et l'expérience des lois les plus récentes : 27 juillet 1900, 25 février
1901 et 22 avril 1905, paraît indiquer la possibilité d'effectuer cette
réforme par voie budgétaire.

« Je n'ai pas envie, dit M. Brisson dans la préface que nous avons
rappelée ci-dessus, de discuter au fond la thèse de savoir s'il ne
faut pas faire de réforme par voie budgétaire; il y a du pour et du
contre: certes, on ne peut pas mettre tout dans le budget, en alourdir
la discussion et en retarder le vote par des propositions quelconques;
ce serait peut-être attenter à la liberté des représentants de la nation
que de les y obliger d'ailleurs, puisqu'ils sont maîtres de leur
ordre du jour? D'autre part, il paraît bien que le budget soit, pour
une démocratie en marche, de temps en temps tout au moins, l'occasion naturelle de mettre en pratique les principes nouveaux dont elle
est animée et, pour un Parlement qui veut réellement « tenir les cor-
dons de la bourse », le moyen de lier au « *vote des subsides* » l'exécution de ses vues générales. Que si la réforme ainsi introduite
péche par quelque endroit, le vote annuel de la loi de finances fournit
un moyen facile et prompt de l'amender; l'Administration en use
ainsi presque chaque année pour tel ou tel détail de la législation
financière : je crois, du reste, qu'il faut distinguer : d'une part, les
réformes à introduire dans le budget ne porteraient, sauf cas exceptionnels et urgents, que sur les matières de finances; secondement,
il faudrait qu'elles fussent très mûries dans l'opinion publique et que
même les points de détail n'eussent pour ainsi dire rien de neuf
pour les esprits préparés. C'est ce qui arrivait d'ailleurs pour les frais
de justice. La question était mûre depuis longtemps, hélas! elle mûri-
rait encore si nous ne l'avions abordée dans les budgets de 1892
et 1893. *La réforme n'est d'ailleurs pas complète* et il faudra

2

y revenir quelque peu, je le confesse. Quoi qu'il en soit, dans cette année 1891, la Presse de Paris et des départements avait fait un tel accueil à notre proposition, elle nous avait prêté un concours si énergique et si efficace, les deux branches du Parlement s'y montraient tellement favorables qu'il fallait saisir l'occasion; si nous laissions passer et la loi de finances et l'année, c'était l'ajournement indéfini de la réforme. Il n'en serait bientôt plus question, tandis qu'après tout nous avons fait la réforme des frais de justice; *elle aurait pu être meilleure*, je veux dire plus étendue, *plus générale*; je vais dire pourquoi et comment elle a été légèrement amputée, mais elle est faite, d'autres l'ont suivie, et *elle en rend d'autres encore inévitables*. C'est par elle qu'on a commencé de porter la hache dans la forêt des impôts « *progressifs à rebours* ».

8. — Insuffisance de la législation actuelle, plainte des justiciables. — La preuve que la réforme n'est pas faite, réside dans les plaintes incessantes qui s'élèvent chaque jour, contre les exagérations des frais de justice.

Le gouvernement s'émeut naturellement de ces plaintes, et il court au plus pressé en favorisant les procédures qui paraissent les plus intéressantes. C'est ainsi que l'article 8 de la loi du 22 avril 1905 accorde une nouvelle faveur à la saisie-arrêt sur les salaires et petits traitements des ouvriers ou employés.

Cet article est ainsi conçu :

« *Tous les actes, décisions et formalités auxquels donnera lieu l'exé-*
« *cution de la loi du 12 janvier 1895, relative à la saisie-arrêt sur les*
« *salaires et petits traitements des ouvriers ou employés, seront, quelle*
« *qu'en soit la nature, rédigés sur un papier non timbré et enregistrés*
« *gratis.* »

L'inconvénient des lois de faveur, telles que la loi du 12 janvier 1895, dans son article 15, est d'accorder des privilèges à des catégories de contribuables, certainement très intéressants, mais de laisser en dehors de la mesure de bienveillance édictée par le législateur des situations qui auraient les mêmes titres à une exemption ou à une atténuation d'impôt.

Pourquoi accorder à un ouvrier ou à un petit employé un privilège dont ne bénéficie pas le paysan ou l'enfant mineur dont les immeubles sont saisis immobilièrement ?

A la suite de l'application de l'article 15 de la loi du 12 janvier 1895, on constata que, contrairement aux intentions du législateur, certains actes, bien que se rattachant à son exécution, ne rentraient pas dans l'énumération limitative de l'article 15 et ne pouvaient, dès lors, bénéficier de l'exemption du timbre et du droit d'enregistrement.

C'est pour mettre un terme à toutes les difficultés à cet égard que l'article 8 dont nous venons de reproduire le texte fut voté par la Chambre, malgré sa disjonction de la loi des finances par le Sénat. La haute assemblée n'insista pas et, dans sa séance du 21 avril 1905 (*J. off., page 914*), elle adopta l'article 8, étant entendu que l'immunité d'impôt s'applique, notamment, aux demandes de mainlevée des saisies-arrêts et aux actes de délégation des salaires ou traitements prévus par la loi de 1895 (*Déclaration du président de la Commission du budget dans la deuxième séance de la Chambre des députés du 27 février 1905. J. off. du 28, p. 581*).

9. — Rigueurs ou faveurs de la procédure à la discrétion d'un créancier plus ou moins bienveillant. — L'inconvénient des mesures de faveur est de créer des privilèges injustes et, pour le cas particulier, de laisser les rigueurs ou les faveurs de la procédure à la discrétion d'un créancier plus ou moins bienveillant.

Si on suppose un ouvrier gagnant 5 francs par jour, ayant un mobilier saisissable de 1.000 francs et devant 200 francs, le créancier aura intérêt à faire saisir le mobilier, en sorte que le malheureux débiteur pourra être contraint de subir deux poursuites et de payer un total de frais en disproportion manifeste avec le chiffre de sa dette, disproportion que certains organes de la presse, pour les besoins de leur polémique, ne se font pas faute d'enregistrer.

Or, ces sommes se composent, pour la plus grande partie, de droits fixes de 0 fr. 60, 1 fr. 20, 2 fr. 50, ou 3 fr. 75 de timbre et d'enregistrement, qui ne profiteront pas de l'exemption résultant de l'article 8 de la loi du 22 avril 1905.

Il n'est pas excessif de prétendre que sur une dette de 150 francs, l'État, pour peu que la procédure prenne quelque développement, n'arrive à percevoir un total de droits de timbre et d'enregistrement supérieur au capital de la dette elle-même, en sorte que, de deux voisins, habitant sur le même palier, l'un ne payera aucun impôt à l'État si son créancier saisit son salaire, et l'autre verra sa dette doublée si le créancier procède à une saisie mobilière, qui aura d'ailleurs pour effet probable de donner des résultats immédiats si le débiteur a des meubles d'une valeur suffisante pour éteindre d'un seul coup l'intégralité de la dette.

Ne serait-il pas dès lors préférable, comme le propose M. Brisson, de faire une codification générale des lois sur le timbre et l'enregistrement, de façon à supprimer les privilèges et à rendre la loi uniforme pour tous les débiteurs, et d'une manière générale pour tous les contribuables qui sont dans une situation identique.

10. — De l'opportunité de frapper d'un impôt le débiteur

qui se trouve dans l'impossibilité de se libérer. — Une première question à se poser, en matière de saisie, serait celle de savoir s'il est juste qu'un débiteur se trouvant dans l'impossibilité de payer, il convient d'en profiter pour le frapper d'un impôt ?

Si la réponse était affirmative, il y aurait lieu de décider le tarif de cet impôt. Ce tarif pourrait d'ailleurs être progressif, et une question à discuter pourrait être celle de savoir si l'impôt ne doit pas rester à la charge du créancier auquel l'État déclare qu'il est dans l'impossibilité de ne pas faire payer les frais de justice.

Il ne faut pas, en effet, se payer de mots. En France, comme dans tous les pays, l'*État vend la justice*. Il ne la vend pas au sens strict du mot, comme le ferait un juge prévaricateur donnant gain de cause au plus offrant et dernier enchérisseur, mais il la vend en ce sens qu'il profite des procès pour greffer des taxes sur les procédures. Cette prétention n'a d'ailleurs rien en soi que de très légitime, puisque l'État fait des dépenses pour payer des magistrats, construire des tribunaux et pour les entretenir.

Mais peut-être y aurait-il lieu de faire une distinction entre les diverses catégories de justiciables.

Les uns sont particulièrement intéressants : ce sont les mineurs et les femmes mariées qui sont obligés de s'adresser à la justice, sous le prétexte d'être protégés et qui mériteraient, sinon l'exemption complète d'impôt, du moins des tarifs exceptionnellement favorables.

La seconde catégorie de justiciables est celle des plaideurs ayant des difficultés d'intérêt, qui auraient pu les transiger, mais qui ont préféré les soumettre à la justice. Pour ceux-là, on comprend l'existence d'un impôt, mais on comprend aussi que les frais doivent en rester à la charge de celui qui succombe dans le procès.

Le développement de la règle de la proportionnalité de l'impôt à l'importance de l'affaire devrait être la suppression complète et absolue, sans aucune restriction ni réserve, de tous les droit perçus au profit du trésor, pour ne laisser subsister l'impôt que sur l'importance du litige, et il serait même d'une bonne administration de la justice que l'État fît crédit aux plaideurs et attendît l'issue du procès avant de réclamer l'impôt auquel l'instance pourrait donner ouverture.

Enfin, une troisième catégorie de justiciables se compose des accusés ou des prévenus qui encourent des peines de simple police, correctionnelle ou criminelle.

Puisque les nécessités budgétaires de plus en plus impérieuses ne permettent pas d'accorder la justice gratuite, il semble que le législateur devrait chercher à atteindre par des pénalités pécuniaires proportionnées à la fortune du condamné, les justiciables de la dernière catégorie, de manière à diminuer les frais de justice à **la charge des** mineurs, des femmes mariées et des plaideurs proprement dits.

11. — La justice accessible aux plaideurs très riches ou à ceux seulement qui peuvent obtenir l'assistance judiciaire. — L'exagération des frais de justice est cause qu'en France les tribunaux ne sont accessibles qu'aux plaideurs très riches ou à ceux qui peuvent obtenir l'assistance judiciaire. Celle-ci donne lieu à de véritables abus, tandis que toute une série de loi spéciales a créé des privilèges pour de nombreuses catégories de contribuables.

Rappelons sommairement ici quelques-unes de ces faveurs du législateur :

Loi du 21 mars 1884 sur les syndicats professionnels.

Loi du 27 décembre 1892 sur la conciliation et l'arbitrage facultatifs en matière de différents collectifs entre patrons et ouvriers ou employés.

Articles 36, 37 et 38 de la loi du 28 avril 1893. Exemption de la taxe sur le revenu accordée aux sociétés en nom collectif pures et simples, etc.

Loi du 15 juillet 1893 sur l'assistance médicale gratuite.

Loi du 29 juin 1894 sur les caisses de retraites et de secours des ouvriers mineurs.

Lois des 30 novembre 1894 et 31 mars 1896 sur les habitations à bon marché.

Loi du 20 juillet 1895 sur les caisses d'épargne.

Loi du 20 juin 1896 sur le mariage des indigents.

Loi du 9 avril 1898 sur les accidents du travail.

Loi du 18 juillet 1898 sur les warrants agricoles, etc., etc.

Ce n'est pas que la plupart des lois qui ont accordé des diminutions ou des exemptions d'impôts ne s'appliquent à des situations très intéressantes, mais il n'est pas douteux que, sous prétexte d'une indigence *plus ou moins certaine*, des contribuables échappent à l'impôt, pendant que d'autres justiciables payent au Trésor 150 ou 200 francs d'impôts à l'occasion d'une dette de pareille somme.

12. — Opportunité d'une revision générale du tarif des droits de timbre et d'enregistrement. — Il est à présumer que s'il était procédé à une revision générale du tarif des droits de timbre et d'enregistrement, on pourrait faire une hécatombe de tous les droits fixes, et en augmentant légèrement les droits proportionnels, réaliser la réforme amorcée par les lois des 26 janvier 1892, 27 juillet 1900 et 25 février 1901 et 22 avril 1905.

La réforme serait d'autant plus facile à effectuer qu'elle serait plus générale et comporterait la revision des innombrables privilèges accordés, dans ces dernières années, à certaines catégories de contribuables qui, en fait, font payer leur part d'impôt par des concitoyens souvent moins riches qu'eux.

Entre deux contribuables dont l'un jouit de l'assistance médicale gratuite ou de l'assistance judiciaire, on est souvent surpris de voir que ce n'est pas le plus pauvre qui profite de la subvention directe ou indirecte de l'État.

Malheureusement il arrive trop souvent que lorsque les pouvoirs publics se refusent à accorder des faveurs excessives à certaines catégories de contribuables, leurs défenseurs portent la question sur le terrain politique et mettent le Parlement dans une situation embarrassante.

Le cas s'est présenté récemment à l'occasion de la discussion du privilège des bouilleurs de cru.

« Faire croire à la Démocratie, disait le *Temps* du 22 avril 1905, qu'elle a droit à l'inégalité et qu'elle doit, notamment, échapper au payement de l'impôt, c'est la corrompre et non point l'instruire. Et à l'heure même où le gouvernement se prête à une extension du privilège des bouilleurs de cru, le représenter comme sacrifiant le privilège des petits aux privilèges des grands, c'est entretenir des idées fausses qui sont infiniment dangereuses. Où sont les privilèges des « grands » ? Que signifie l'allégation que les « riches » sont favorisés ? « Je proteste, s'est écrié M. Rouvier, contre cette façon de proclamer au pays que vous êtes quelques membres de la majorité qui avez une formule magique pour supprimer les impôts et rendre tout le monde heureux, et que le gouvernement vous empêche de faire prévaloir vos idées : le gouvernement fait une politique démocratique, et pour ma part je n'accepterai jamais ni excommunication ni paroles injurieuses, parce que j'ai conscience de ne les point mériter. » La politique démocratique est celle qui dit au pays la vérité, qui ne leurre pas les masses laborieuses de fausses espérances, qui ne prépare pas de déceptions à la démocratie.

« Plus que jamais la République a besoin de ressources. Tout un budget nouveau a pris naissance. L'instruction publique a reçu de larges dotations ; la prévoyance sociale, les œuvres de solidarité et d'assurance exigent des sacrifices considérables ; avant peu, de nombreux millions seront indispensables pour les retraites ouvrières. Dans cette situation, comment subviendra-t-on à ces surcharges, si l'on n'habitue pas le pays à les regarder en face, et si l'on n'a pas la loyauté d'avertir les contribuables que chacun en devra supporter sa part ? Ce n'est pas avec des utopies, ce n'est pas avec des déclamations, ce n'est pas davantage avec des exemptions fiscales imprudemment multipliées, que la République accomplira sa mission. « Je vous demande de m'aider dans mes efforts pour garantir la mentalité de notre pays contre les exagérations, les déclamations, les utopies. » Et comme un de ses contradicteurs, pour les besoins de sa thèse, disait : « Je m'appuie sur 6,000 signatures », M. Rouvier a repris : « Vous avez, dites-vous, 6,000 signatures derrière vous ; j'ai derrière moi la nation française, qui réclame non pas des privilèges mais l'égalité devant l'impôt. »

Constatons-le à l'honneur de la Chambre, ce langage a été vivement applaudi. M. Rouvier était l'éloquent interprète de l'idée moderne de justice pour tous et d'égalité devant la loi, idée que les vrais démocrates ont tant de peine à faire prévaloir contre les conceptions léguées par l'ancien régime.

13.— Possibilité d'une réforme radicale et absolue des frais de justice. — Sous l'ancien régime, l'inégalité entre les citoyens était le principe qui régissait la perception de l'impôt. Il y a aujourd'hui une tendance à favoriser les ouvriers, qui sont souvent dans une situation de fortune bien supérieure à celle de la plupart des paysans. Ceux-ci échappent difficilement aux impôts du timbre et de l'enregistrement. Les procédures auxquelles ils ne peuvent se soustraire ne jouissent presque d'aucune faveur, et il n'y aurait pas d'œuvre plus populaire en France que de faire une réforme, mais une réforme radicale et absolue des frais de justice, réforme qui serait d'autant plus facile qu'elle serait générale et ne procéderait pas par à-coup.

Il faudrait prendre le tarif des droits d'enregistrement, non pas dans les lois successives qui l'ont édicté, mais prendre un tarif alphabétique et en face de chaque mot édicter, en profitant de l'expérience acquise, et en quelques lignes, le tarif applicable.

Cette revision des tarifs pourrait permettre des relèvements de quelques droits proportionnels, qui combleraient et au delà la perte résultant pour le Trésor de l'abandon des droits fixes.

A titre d'exemple, nous citerons les tarifs applicables aux indemnités ou aux dommages-intérêts.

Dans les définitions des lois civiles et pénales, les mots *indemnité* et *dommages-intérêts* comprennent les réparations dues à une partie lésée, pour quelque cause que ce soit, et le plus souvent ces deux termes sont employés l'un pour l'autre. (*Code civ. 369-421-1744 et 217. Code de comm. 273-277. C. pén. 10.51 et 234*).

La loi fiscale ayant tarifé au droit de 0,50 0/0 les *indemnités* et à celui de 2 ou de 3 0/0 les *dommages-intérêts*, la jurisprudence a dû établir une distinction, et ce n'a été qu'à la suite d'un arrêt solennel du 23 juin 1875, c'est-à-dire après 77 ans d'hésitation, que l'on a été d'accord sur le sens à attribuer aux expressions d'indemnité et de **dommages-intérêts.**

Il y a *dommages-intérêts* toutes les fois qu'une somme est allouée par le juge en réparation du préjudice causé par un fait ou une faute imputable aux défendeurs. Il importe peu que cette faute provienne d'un délit ou d'un quasi-délit, qu'elle ait porté préjudice à la personne ou au bien. Dès qu'il y a eu tort de la part des défendeurs, la condamnation a le caractère de dommages-intérêts et donne ouverture au droit de 2 ou de 3 0/0 suivant la juridiction.

Une revision des tarifs pourrait permettre de graduer le droit suivant le caractère de la faute.

Prenons, par exemple, le cas d'un homicide par la faute d'une personne dont le défendeur est responsable, d'un homicide par imprudence, d'un homicide dans une rixe ou d'un véritable assassinat imputable au défendeur lui-même.

Le tarif est le même dans ces quatre cas, alors qu'il pourrait être de 3 0/0 dans la première espèce, de 5 0/0 dans la seconde, de 7 0/0 dans la troisième, et de 10 0/0 dans le cas d'un assassinat.

Le tarif de 0,50 0/0 est seul exigible quand il s'agit d'indemnité procédant d'une stipulation accessoire à un contrat principal, soit que la convention accessoire ait été arrêtée d'avance en prévision de l'exécution de la convention principale, soit qu'elle ait été stipulée à titre de réparation, à la suite de l'inexécution d'une convention.

Prenons l'exemple très fréquent de dédits stipulés pour défaut d'exécution d'une convention. Les directeurs de théâtre, notamment, stipulent des sommes énormes pour le cas où un acteur viendrait à rompre ses engagements.

Récemment encore un acteur, M. D., a été condamné à payer un dédit de 60.000 francs au directeur d'un théâtre.

Cette condamnation ne donnera lieu qu'à la perception d'un droit de 0,50 0/0, alors qu'une faute commise involontairement, mais dont la réparation n'aura été prévue par aucune stipulation, donnera ouverture au droit de 3 0/0.

Nous ne citons ces faits qu'à titre d'exemple; mais il suffit d'ouvrir un journal à la chronique des tribunaux pour constater que, dans un grand nombre de cas, le tarif des droits proportionnels pourrait être majoré sans grand inconvénient, de manière à permettre la suppression des droits fixes.

Prenons, par exemple, le cas d'une captation d'héritage (1). Une

---

1. — Voici un exemple que nous empruntons au *Temps* du 12 avril 1905, sur un procès en captation d'héritage. L'issue du procès importe peu à la solution que nous proposons; mais il est certain que si la défenderesse a entendu capter l'héritage du *de cujus*, l'application d'un droit proportionnel majoré serait simplement justifiée.

Les héritiers Leclercq contre la duchesse de la Rochefoucauld d'Es-

personne tente de s'approprier une fortune d'un million. Elle est condamnée à la rendre. Le jugement ne donnera lieu qu'à un droit de condamnation, alors que ce droit pourrait très légitimement subir une majoration importante, à l'aide de laquelle on pourrait supprimer les droits fixes, qui font' que le débiteur d'une somme de 150 francs voit sa dette triplée par l'application des droits fixes.

14. — Commentaire de l'article 9 de la loi du 22 avril 1905. — Instructions de l'administration de l'enregistrement. — Le lecteur voudra bien nous excuser de citer des faits précis, mais ce n'est qu'en invoquant des exemples que M. Brisson a obtenu en 1892 le vote de la loi qui porte légitimement le nom de son auteur.

En 1891, l'honorable député de Marseille rappela que dans une adjudication devant le tribunal de Soissons, 39 acquéreurs ayant notifié à 63 créanciers le jugement, il fut perçu pour un seul acte d'huissier $39 \times 63 = 2467$ droits fixes montant à 5405 fr. 40.

La divulgation de ce fait entraîna l'abrogation du dernier alinéa de l'article 68 § I n° 30 de la loi du 22 frimaire an VII; mais M. Brisson ne put pas obtenir ce résultat lors du vote de la loi du 26 janvier 1892. Il fut obligé de revenir à la charge en 1893, et l'abus signalé par cet exemple topique ne fut supprimé que par l'article 23 de la loi du 28 avril 1893.

L'article 9 de la loi du 22 avril 1905 est ainsi conçu :

« **Les procès-verbaux** de cote et paraphe **des livres de** « **commerce, quelle qu'en soit la forme, sont exempts du** « **droit et de la formalité de l'enregistrement. Il n'y aura** « **pas lieu au recouvrement des sommes qui peuvent être** « **encore dues en vertu de l'article 73 de la loi du 28 avril** « **1816, relatif à ces procès-verbaux.** »

---

tissac.— Hier, devant la 1re chambre civile supplémentaire, Me Chenu a plaidé au nom de la duchesse de la Rochefoucauld d'Estissac, instituée légataire universelle de M. Achille Leclercq par le testament dont les héritiers naturels de celui-ci demandent l'annulation.

La thèse qu'a soutenue Me Chenu peut se résumer ainsi :

Il n'y a, dans le testament critiqué, ni interposition de personne, ni fidéicommis. M. Achille Leclercq, vis-à-vis duquel ses parents se montrèrent ingrats et auxquels il a cependant fait des legs particuliers importants, était absolument maître de disposer à son gré de sa fortune Il en a disposé au profit de Mme de la Rochefoucauld, probablement parce qu'il la savait animée des mêmes intentions bienfaisantes que luimême, mais il n'a mis aucune condition à son legs : elle est libre d'en faire l'usage qu'il lui plaira. Quant aux faits qu'on demande à prouver ils n'ont aucune pertinence, et l'insanité d'esprit, qu'on prétend avoir existé chez M. Leclercq, ne repose sur aucun fondement.

A l'occasion de cette nouvelle disposition, l'administration de l'enregistrement, par son instruction 3166, a donné à ses agents les explications suivantes :

« Aux termes de l'article 73 de la loi du 28 avril 1816, « *le paraphe qui doit précéder l'usage d'un registre (ou livre de commerce) sera enregistré moyennant un simple droit d'un franc* ».

« L'application de cette disposition a donné lieu à une distinction fondée sur la forme dans laquelle peuvent être établis les procès-verbaux de cote et paraphe.

« L'article 11 du Code de commerce porte, en effet, que les livres des commerçants sont cotés, paraphés et visés, soit par un des juges des tribunaux de commerce, soit par le maire ou un adjoint. Or, lorsque ces procès-verbaux émanaient d'un juge consulaire, ils devaient être, comme actes judiciaires, enregistrés dans les vingt jours de leur date et soumis au droit fixe de 1 franc, porté à 1 fr. 50 par l'article 4 de la loi du 28 février 1872. S'ils étaient dressés par un magistrat municipal, ils constituaient des actes administratifs en brevet, qui, assujettis en principe au droit fixe de 3 francs (*lois des 18 mai 1850, art. 8 et 28 février 1872, art. 4*), ne devaient pas être enregistrés dans un délai déterminé et n'étaient présentés à la formalité que dans les cas exceptionnels où il en était fait usage par acte public ou devant une autorité constituée.

« L'article 9 de la loi de finances a étendu à tous les procès-verbaux de cote et paraphe l'immunité dont jouissaient, en fait, ceux qui étaient dressés devant le maire ou un adjoint. Il dispose, dans les termes les plus généraux, que ces procès-verbaux, qu'elle qu'en soit la forme, sont exempts du droit et de la formalité de l'enregistrement.

« La disposition finale du même article porte qu' « *il n'y aura pas lieu au recouvrement des sommes qui peuvent encore être dues en vertu de l'article 73 de la loi du 28 avril 1816, relatif à ces procès-verbaux.* » Le Trésor n'est donc plus fondé à réclamer aucune somme pour le passé. Mais aucune restitution ne saurait non plus être effectuée, en vertu de l'article 9, à raison des droits acquittés jusqu'à ce jour lors de l'enregistrement des procès-verbaux de cote et paraphe. Les directeurs prendront, le cas échéant, les mesures nécessaires pour l'abandon immédiat des réclamations qui auraient pu être adressées dans les conditions prévues par l'article 73 de la loi de 1816, et ils feront, s'il y a lieu, régulariser les frais exposés.

« On rappelle que les procès-verbaux de cote et paraphe sont exempts du timbre comme les livres de commerce sur lesquels ils sont rédigés (art. 4 de la loi du 20 juillet 1837). »

15. — Subtilité des lois fiscales. — Difficulté de se recon-

naître dans les distinctions résultant des tarifs. — On voit combien sont subtiles ces lois fiscales qui donnent lieu à de pareilles distinctions. C'est une véritable science de bénédictin que d'en connaître tous les secrets, et peut-être n'y a-t-il personne en France les connaissant à fond.

L'article 9 de la nouvelle loi met de l'uniformité dans la réglemention des procès-verbaux de cote et paraphe des livres de commerce ; mais combien y a-t-il de dispositions semblables dans le maquis de nos lois fiscales, et qui auraient besoin de subir une pareille amputation ?

Ce droit fixe de 1 fr. embusqué derrière l'article 11 du Code de commerce n'a peut-être pas rapporté 150 francs par an depuis le 28 avril 1816, puisqu'il suffisait à un commerçant de soumettre ses livres à un magistrat municipal pour être dispensé du payement provisoire des droits, et il avait bien des chances d'échapper à un payement définitif dans le cas où il aurait été obligé de faire usage de son livre de commerce par acte public ou devant une autorité constituée.

L'inconvénient de ces petites dispositions draconiennes que l'on rencontre à chaque instant dans la législation fiscale est d'indisposer les contribuables, et de faire perdre leur temps aux agents du fisc sans aucun profit réel pour le Trésor.

La formalité de l'enregistrement devrait être réservée aux actes que le Trésor a un réel intérêt à connaître, et à peu près exclusivement aux actes révélant des mutations et faisant ressortir la véritable valeur des biens mobiliers et immobiliers.

Tout acte ne remplissant pas cette condition devrait être dispensé de l'enregistrement, sauf à faciliter aux agents du fisc la communication des dossiers des procédures.

Dans la préface que nous avons déjà citée et qu'il intitule *Histoire d'une réforme*, M. Henri Brisson fait le récit des circonstances à la suite desquelles il fut amené à proposer et à faire voter la suppression de l'enregistrement des actes de procédure.

« Ma proposition, disait-il, dispensait de *la formalité* de l'enregistrement ces innombrables actes de procédure, constitutions d'avoué, mises au rôle, avenirs, sommations de communiquer, conclusions grossoyées, etc., qu'on appelle les « *actes de Palais* », or, l'Enregistrement ou du moins ses représentants d'alors. prétendaient que, pour toute cette broussaille, « *la formalité* » était également indispensable, qu'un examen minutieux de ces actes par ses agents était nécessaire pour la découverte des fraudes et des dissimulations ou omissions commises par les plaideurs, soit dans les instances mêmes, soit dans d'autres actes ; des « *renvois* » fréquents, disait-on, étaient la suite de ces investigations minutieuses dont les actes de palais, les actes d'avoué à avoué étaient l'objet, dans les bureaux où on les enregistrait, soit de la part des receveurs eux-mêmes, soit postérieurement de la part des inspecteurs. Je savais bien qu'il n'en était rien ; mais comment faire passer ma certitude dans l'esprit des membres de la Commission du budget ? Ma tâche était d'autant plus difficile que le Directeur général de l'Enregistrement était de la meilleure foi du monde ; il avait toute sa vie appartenu à l'administration centrale et ne connaissait pas cette besogne de détail dont pas un clerc d'huissier ou d'avoué n'ignorait la complète inutilité. Il résistait, par pur instinct fiscal, instinct louable dans une certaine mesure, à l'abolition d'une formalité féconde en perceptions productives pour le Trésor. Comment le détromper et de quelle façon convaincre les collègues dont l'assentiment m'était indispensable ? Une réforme aussi juste allait-elle échouer devant un tel enfantillage ? Voici comment je m'y pris : Je savais à quelle heure avait lieu au Palais de justice, dans le premier bureau, l'enregistrement des actes dont il s'agissait ; un jour, je prolongeai la discussion sur ce point jusque vers 3 heures, et proposai brusquement à la Commission de se rendre au Palais, lui promettant un spectacle qui trancherait souverainement la question : la proposition fut acceptée.

« Parmi les personnes présentes, étaient M. Casimir-Périer, président de la Commission du budget, le rapporteur général, deux ou trois autres personnages consulaires, M. le Directeur général de l'enregistrement et moi ; le receveur ne connaissait aucun de nous, je lui dis en trois mots que nous sommes membres de la Commission du budget et ce que nous venons voir. Juste, on venait d'apporter la pile des actes de palais ; elle me montait au menton ; quelques clercs attardés en présentaient encore au guichet. Déjà un jeune garçon s'emparait de ce tas de feuilles de papier timbré et, rapidement, les frappait, l'une après l'autre, d'un timbre humide mentionnant la « *formalité* », la précieuse formalité, la sainte formalité ; pas une ne demeurait plus de dix secondes entre ses doigts ; il fallait que le tout fût rendu à 5 heures, et il était 4 heures un quart ! Certes, l'éphèbe employé à cette besogne délicate aurait pu être avantageusement remplacé par la vapeur, par l'électricité, par l'air comprimé, par une force aveugle quelconque ; on n'y eût pas manqué dans une usine de l'industrie privée. Le tas apporté diminuait à vue d'œil et peu à peu s'élevait celui des feuilles revêtues de l'enregistrement. Le receveur nous regardait regardant. Quand nous eûmes bien regardé pendant un quart d'heure, j'osai lui poser, en rougissant, une question que je n'aurais certes pas hasardée s'il m'avait connu ou s'il avait su seulement que j'étais de basoche : « *Monsieur le Receveur, fis-je, combien fait-on de découvertes ou de renvois par mois par suite de l'examen des actes d'avoué à avoué auquel nous venons d'assister?* » Un pêcheur de Marseille auquel j'aurais dit en lui montrant un turbot : « *Combien voulez-vous de cette anguille ?*» ne m'aurait pas jeté un regard plus convaincu de mon ignorance et de ma stupidité ; faisant toutefois un effort pour ne pas éclater de rire, le receveur me répondit : « *Pas un Monsieur, pas un! en dix ans!* »

« La cause était entendue ; la *formalité avait vécu*! La *Gironde*, sous les traits de M. Monis, essaya bien de la repêcher au Sénat, par deux fois même ; mais la pauvrette avait trop de plomb dans l'aile pour supporter trois voyages du Luxembourg au Palais-Bourbon, celui du Palais de Justice avait suffi ; les actes d'avoué à avoué ne sont plus enregistrés! *Lugete!*....

« La seconde objection n'était pas plus grave, suivant moi ; seulement elle reposait sur une hypothèse ; je ne pouvais pas la ramener à un fait concret et visible ; je n'ai pas pu la vaincre, ou du moins je n'en ai triomphé qu'à moitié ; les droits fixes demeurent ; ils sont moins nombreux, moins variés, moins élevés, ils se perçoivent sur un moindre nombre d'actes, mais ils subsistent : c'est trop.

« L'administration disait :

« Dans le système actuel, l'impôt judiciaire se paie en partie au début et au cours de l'instance, autrement dit par acomptes ; le fisc est donc assuré de certaines perceptions, quel que soit le cours du procès, que les plaideurs se découragent et s'accordent, ou qu'ils continuent de se gourmer. M. Brisson, lui, après avoir pris un droit insignifiant sur l'exploit introductif, ajourne toute perception jusqu'au jugement ; ne voyez-vous pas que, dans les gros procès au moins, les plaideurs, avant d'en arriver là, se déroberont à l'impôt par une transaction et qu'ainsi le Trésor, dépouillé par la loi nouvelle des droits fixes, se trouvera frustré en fait de la taxe de remplacement?

« De là un déficit que l'administration ne chiffrait pas à moins de 5 ou 6 millions.

« L'objection n'était pas sans réplique.

« Philosophiquement parlant, est-ce que c'eût été payer trop cher que de donner 5 à 6 millions pour voir substituer à des décisions impératives, qui laissent toujours un grain de révolte dans les esprits, des accords volontaires entre les citoyens? Une loi qui aurait fait de la propagande en faveur des transactions eût-elle donc été une si mauvaise loi?

« J'admets toutefois que le fisc ne pût se payer de cette philosophie. On pouvait le rassurer. « *Encore si vous établissiez une consignation préalable?* » avait dit devant la Commission du budget un représentant de l'Administration : je le pris au mot et, dans mon rapport du 18 juillet 1891, je concluais à l'établissement de cette provision. La Commission adoptait d'ailleurs, sauf d'utiles améliorations de détail suggérées par mes collègues, toutes mes propositions du 26 janvier. Encore un effort et les droits fixes de timbre, de greffe et d'enregistrement, ces impôts iniques qui pesaient si lourdement sur le plaideur pauvre et frappaient si légèrement les litiges importants, ces impôts insensés qui écrasaient les affaires déjà malheureuses, les propriétés obérées, les débiteurs ruinés et les créanciers frustrés, ces impôts néfastes, onéreux non seulement aux plaideurs volontaires, mais encore, mais surtout aux plaideurs involontaires, aux incapables, obligés de paraître en justice et qui payaient si cher la protection de la loi qu'ils en paraissaient plutôt les victimes fiscales, ces droits fixes allaient disparaître, pour faire place à une taxe équitablement répartie ! »

16. — Opportunité de compléter l'œuvre du législateur de 1892. — Supériorité de la procédure en usage devant les Conseils de préfecture. — Suppression de l'Enregistrement des actes produits en justice et passibles du droit fixe. - Si le Parlement, complétant l'œuvre de M. Brisson en 1892, supprimait définitivement les droits fixes de timbre et d'enregistrement des actes extra-judiciaires, il permettrait la simplification de la procécédure, et le Trésor pourrait avoir ses intérêts complètement sauvegardés si le législateur introduisait devant les tribunaux civils les procédés en usage devant les conseils de préfecture.

Il ne sert de rien au Trésor que les actes d'une procédure soient successivement soumis à ses agents au moment de l'accomplissement de chaque formalité.

C'est le dossier complet de l'affaire que le receveur devrait avoir à sa disposition quand il enregistre le jugement, et peut-être y aurait-il intérêt pour la bonne administration de la justice à ce que le dossier de chaque procès reste au greffe et que les pièces originales, retirées par les parties, y soient remplacées par des copies qui permettraient à chaque instant aux magistrats, comme aux avoués, aux avocats et aux agents du fisc, de connaître, avant comme après le jugement, la situation d'une affaire.

Mais il est un autre sacrifice qui s'impose au Trésor, c'est la suppression de l'enregistrement des actes produits en justice et qui ne donnent lieu à la perception d'aucun droit proportionnel.

Il n'y a, la plupart du temps, aucune relation entre le nombre des droits fixes perçus sur les actes produits en justice et l'importance du litige.

Une seule lettre donnant ouverture à un droit fixe de 3 fr. 75 peut faire gagner ou perdre un procès portant sur une somme de plusieurs millions.

Dans d'autres cas, au contraire, et pour un litige beaucoup moins important, il faudra produire des milliers de pièces.

Le cas s'est produit, dans une affaire célèbre, le 7 août 1884 devant le tribunal de Briey.

Voici dans quels termes l'administration de l'enregistrement a rapporté les circonstances de cette affaire dans une instruction portant le n° 2718 § 7 :

« M. d'Adelsward, ancien maître de forges, a intenté en 1882, contre la compagnie des chemins de fer de l'Est, une action en remboursement d'une somme de 406.135 fr. 90 centimes, que cette compagnie aurait perçue en trop de 1866 à 1881, sur « *l'ensemble de diverses lettres de voitures, pour le transport de charbons provenant de Belgique.* »

« Deux compagnies belges, qui auraient profité en partie de ces perceptions excessives, ont été appelées en garantie.

« Dans un mémoire soumis au tribunal de Briey par M. d'Adelsward, il est dit que M. d'Adelsward a entre les mains 66.154 récépissés.

« La compagnie de l'Est a soutenu la régularité de ses perceptions.

« Quant aux compagnies belges, elles ont conclu, « *à ce qu'un sursis de six mois leur fût accordé pour prendre communication des 66.154 lettres de voiture sur lesquelles était fondée la demande.* »

« Ces dernières conclusions ont été accueillies par un jugement du tribunal de Briey, qui a « *ordonné la communication des 66.154 lettres de voiture sur lesquelles la demande est fondée.* »

« Des faits qui précèdent, l'administration a conclu que M. d'Adelsward avait fait usage en partie des 66.154 lettres de voiture dont il s'agit, et lui a réclamé en conséquence la somme de 248.077 fr. 50 centimes, montant de 66.154 droits fixes à 3 fr. 75 centimes, décimes compris.

« Une contrainte ayant été signifiée le 10 juillet 1883, le débiteur y fit opposition le 16 du même mois.

« Dans cette opposition, ainsi que dans un mémoire signifié le 15 juillet 1884, M. d'Adelsward a soutenu qu'il n'avait nullement fait usage des lettres de voiture, et que même rien n'impliquait qu'il les eût en sa possession, qu'il ne fallait, au surplus, attacher aucune importance au jugement du tribunal de Briey qui a ordonné la production, cette production n'ayant pas eu lieu en fait.

« L'administration a réfuté l'argumentation de M. d'Adelsward en s'appuyant sur la jurisprudence de la Cour de cassation, qui a décidé en principe et à différentes reprises, que l'application de l'article 23 de la loi du 22 frimaire an VII n'est pas subordonnée au fait matériel de la remise des documents entre les mains des juges, et que l'usage en justice est constant dès qu'il est démontré que les parties ont invoqué les titres à l'appui de leurs moyens, soit en désignant expressément les actes par leur date et leurs autres indications, soit en rappelant leur contexte de manière à ne laisser aucun doute sur leur existence. (*Arrêts des 18 janvier 1881 et 18 décembre 1882, Instr. n°ˢ 2650 § 3 et 2680 § 4*). »

17. — Défaut de toute relation entre l'importance du litige et le nombre des actes produits en justice. — Le bon sens se révolte en présence de la loi fiscale, qui oblige un plaideur à commencer par débourser 248.077 fr. 50, avant de pouvoir justifier la demande d'une somme de 406.135 fr. 90.

On comprend que lorsqu'il sera rentré, grâce à l'intervention des juges institués par l'État, dans cette créance de 406.135 fr. 90, le Trésor fasse payer à qui de droit, c'est-à-dire aux défendeurs d'abord, et ensuite au demandeur lui-même, un impôt proportionnel à l'importance du service rendu.

On peut discuter sur le point de savoir si cet impôt sera de 1 0/0, de 10 0/0 ou même de 50 0/0, mais que cet impôt soit en raison du nombre des lettres de voiture soumises à la vérification du tribunal, c'est ce que la raison se refuse à admettre.

Certaines des lettres de voiture pouvaient contenir des erreurs de dix centimes, d'autres des erreurs de 10 francs. En moyenne, les erreurs étaient inférieures au chiffre de 10 francs, puisqu'il n'y avait que 66.154 lettres de voiture et que le total des erreurs articulées n'était que de 406.135 fr. 90.

Il n'est pas, au surplus, téméraire de supposer que le demandeur n'avait pas à sa disposition la somme de 248.077 fr. 50, qu'il a été condamné à payer en vertu d'un jugement confirmé le 29 juin 1885 par la Chambre des requêtes.

L'administration de l'enregistrement et les juridictions saisies n'ont fait d'ailleurs qu'appliquer l'article 23 de la loi du 22 frimaire an VII, aux termes duquel il ne peut être fait usage en justice, sans qu'ils aient été préalablement enregistrés, des actes sous seing privé qui ne sont pas assujettis à l'enregistrement dans un délai déterminé.

C'est cet article qui devrait être modifié et remplacé par une disposition majorant les droits proportionnels (1).

Veut-on un exemple de jugement susceptible de donner ouverture à des droits proportionnels élevés?

---

1. — Le cas que nous venons de citer n'est pas un cas exceptionnel. Tous les jours, des justiciables sont empêchés d'obtenir réparation, à cause de l'impossibilité dans laquelle ils se trouvent, de faire enregistrer les actes

La *Gazette du Palais* du 18 avril 1905 reproduisait un arrêt de la Cour d'appel de Grenoble dont le sommaire était le suivant :

« Constitue la manœuvre frauduleuse caractéristique de l'escroquerie le fait de l'assuré qui se fait verser une indemnité par la compagnie en simulant des accidents imaginaires à l'appui desquels il produit des certificats mensongers émanant de tierces personnes, et en présentant comme provenant de ces accidents des lésions qui ne sont que les conséquences aggravées de pratiques volontaires d'une hydarthrose chronique ».

Le dispositif de cet arrêt était ainsi conçu :

« Par ces motifs,

« Confirme le jugement dont est appel en ce qu'il a relaxé la dame X....

« Le réforme, au contraire, au point de vue des intérêts civils, en ce qu'il a débouté les appelants de leurs conclusions relatives à la réparation des douze escroqueries résultant de la simulation des douze accidents des 27 janvier, 6 juillet, 22 octobre et 19 décembre 1901, 13 février, 17 avril, 27 juin, 17 août et 2 décembre 1902, 24 février, 9 mars et 17 avril 1903 ;

« Condamne, en conséquence, X... à payer à titre de dommages-intérêts: 240 francs à la *Prévoyance* ; 1.220 francs à *The Ocean* ; 400 francs à la *Winterthur* ; 580 francs au *Patrimoine* ; 480 francs à l'*Union et Phénix espagnol* ; 520 francs à la *Providence*, et 240 francs à la *Préservatrice* ;

« Condamne les appelants aux dépens vis-à-vis de l'État, sauf leur recours contre X..., qui est définitivement condamné;

« Fixe au minimum la durée de la contrainte par corps ».

Qu'y aurait-il à dire, si des dommages-intérêts aussi justifiés que ceux dont la condamnation était ainsi prononcée étaient frappés d'un droit de 10 0/0, de 50 0/0, et même de 100 0/0 ?

Personne ne s'apitoierait sur le sort des justiciables ainsi taxés.

Les ressources ne manquent donc pas pour remplacer les droits fixes par des droits proportionnels, tout au moins en ce qui concerne

---

produits en justice. Voici l'exemple récent que nous avons recueilli dans le journal *Le Matin* du 18 avril 1905 :

A quinzaine dernière, Mes Baër et Miclo ont plaidé, à la huitième chambre correctionnelle, présidée par M. Guelfucci, une affaire d'escroquerie, à la requête d'une partie civile.

Hier, au moment où le jugement allait être prononcé, Me Baër, l'avocat du demandeur, déclara que son client se trouvait contraint d'abandonner la poursuite, l'enregistrement devant réclamer 6,000 francs de droits sur le contrat et les quittances que le tribunal ne pouvait s'empêcher de mentionner dans son jugement.

L'affaire a donc été rayée du rôle, sans jugement.

les jugements qui portent condamnation, collocation ou liquidation de sommes ou valeurs.

18.—Commentaire de l'article 10 de la loi du 22 avril 1905.

— Dans cet examen synthétique, nous n'avons pas la prétention d'avoir épuisé une matière qui demanderait de longs développements.

Notre but a seulement été de marquer une nouvelle et décisive étape dans la voie où, sur l'initiative du Gouvernement et sur le rapport de M. Clémentel, le Parlement s'est engagé en 1892 à la suite de M. Brisson.

Le dernier article de la loi du 22 avril 1905, dont il nous reste à parler, est l'article 10, qui modifie comme suit l'article 13 de la loi du 16 juin 1824 :

« Les notaires, huissiers, greffiers, secrétaires et autres « officiers publics pourrront faire des actes en vertu et par « suite d'actes sous seings privés non enregistrés, et les « énoncer dans leurs actes, mais sous la condition que cha- « cun de ces actes sous seings privés demeurera annexé à « celui dans lequel il se trouvera mentionné, qu'il sera sou- « mis en même temps que lui à la formalité de l'enregis- « trement, et que les officiers publics ou secrétaires seront « personnellement responsables, non seulement des droits « d'enregistrement et de timbre, mais encore des amendes « auxquelles les actes sous seings privés se trouveront « assujettis. »

On sait que l'article 42 de la loi du 22 frimaire an VII défendait, sous peine d'amende, aux notaires, huissiers, greffiers, secrétaires des administrations centrales et municipales, ou autres officiers publics, de faire ou rédiger un acte en vertu d'un acte sous seings privés, à moins que ce dernier n'ait été préalablement enregistré.

Une exception avait cependant été apportée en faveur des notaires par l'article 13 de la loi du 16 juin 1824.

L'article 10 de la loi de finances de 1905 a accordé la même facilité à tous les officiers ministériels, et par son instruction précitée du 23 avril 1905, n° 3166, § IV, l'Administration a reconnu « que la faculté « accordée aux officiers publics pour les actes sous seings privés non « enregistrés leur appartient également pour les actes sous seings « privés non timbrés. » (*Loi du 13 brumaire an VII, art. 24*).

C'est ainsi que peu à peu s'améliore une législation déjà plus que centenaire et qui a soulevé, à de nombreuses reprises, tant de légitimes protestations de la part des contribuables, sans que, comme le législateur le reconnaît un peu tardivement, il y ait eu un grand intérêt pour le Trésor à ne pas accueillir les doléances des intéressés.

TABLE DES MATIÈRES

I. — *Introduction.*

II. — *Commentaire des articles.*

BIBLIOTHÈQUE NATIONALE B. F.

Mayenne, Imp. Cʜ. COLIN. — *Spécialité de Publications périodiques.*

RÉDACTION ET ADMINISTRATION
9, Rue Bleue, 9, Paris

LES

LOIS NOUVELLES

Revue de Législation et de Jurisprudence

ET

REVUE DES TRAVAUX LÉGISLATIFS

Paraissant le 1er et le 15 de chaque mois.

RÉDACTEUR EN CHEF : **EMILE SCHAFFHAUSER**
DOCTEUR EN DROIT

Secrétaire de la Rédaction : U. CHEVRESSON
Avocat à la Cour d'appel de Paris

Chaque Numéro comprend 64 pages

Les *LOIS NOUVELLES* comprennent quatre parties formant des fascicules séparés, chacun avec pagination spéciale.

La 1re PARTIE, intitulée REVUE DE LÉGISLATION, comprend le commentaire de toutes les Lois Nouvelles présentant un intérêt général.

La 2e PARTIE, intitulée REVUE DES TRAVAUX LEGISLATIFS, comprend l'exposé des projets de loi et des rapports déposés à leur occasion *et en outre un tableau des travaux législatifs dans les deux Chambres.*

La 3e PARTIE, intitulée LOIS ET DÉCRETS, renferme non seulement tous les textes d'intérêt général, mais encore les circulaires ministérielles relatives à leur application, et se trouve être ainsi LE SUPPLEMENT LE PLUS COMPLET DE TOUS LES CODES.

La 4e PARTIE, intitulée REVUE DE JURISPRUDENCE, enregistre toutes les décisions judiciaires relatives aux nouveaux textes législatifs et complète ainsi la 1re partie.

Les commentaires publiés par les *LOIS NOUVELLES* comprennent l'exposé de la législation et de la jurisprudence antérieures à la nouvelle loi, l'exposé des travaux législatifs, et enfin l'examen critique de toutes les difficultés auxquelles pourra donner lieu l'interprétation de la loi.

Abonnement annuel : Paris et départements : 15 fr.
Etranger : 18 fr.

EN VENTE AUX BUREAUX DES « LOIS NOUVELLES »

LA COLLECTION DES LOIS NOUVELLES

Comprenant les années 1896-1903 et la table des Lois
nouvelles de l'origine à 1900, au prix de. . . . . 80 fr.
Les différentes années se vendent séparément :
Année 1903. . . . . 15 fr.
Année 1902. . . . . 12 fr.
Les années précédentes, chacune. . . . . 10 fr.

Le paiement a lieu au gré du souscripteur.
Il est fait un escompte de 10 0/0 au cas de paiement comptant.

L'envoi a lieu franco, expédition et recouvrement.

EN VENTE

AUX BUREAUX DES *LOIS NOUVELLES*

Frais (recouvrement des). — Dus aux notaires, avoués et huissiers. Commentaire de la loi du 24 décembre 1897, par L. Legrand, avoué honoraire, président de la conférence des avoués de 1re instance des départements. — 1 vol. br. prix. 1fr.50

Contributions indirectes. — Traité de jurisprudence générale en matière de contributions indirectes, par A. Bertrand, directeur des contributions indirectes et P. Deschamps commis principal à la direction générale des contributions indirectes. — 2 forts vol. br. prix. . . . . 12 fr.

Code Rural. — Commentaires de la loi du 8 avril 1898 sur le **régime des eaux** et de la loi du 21 juin 1898 sur la police administrative, par Georges Graux, avocat, député du Pas-de-Calais et C. Renard, docteur en droit. — 1 vol. br. prix . . . . 5 fr.

Instruction criminelle. — La réforme de l'instruction préalable. Commentaire de la loi du 8 décembre 1897, par Julien Bregeault, substitut du procureur général à la cour de Paris, et Albanel, juge d'instruction au tribunal de la Seine. — 1 vol. br. prix. . . . . 3 fr. 50

Douanes. — Le nouveau tarif des douanes. — Commentaire de la loi du 11 janvier 1892, par L. Dejamme, auditeur du conseil d'Etat. — 1 vol. br., prix. . . . . , . . 3 fr. 50

Saisie-arrêt. — La saisie-arrêt des gages, salaires et petits traitements. — Commentaire nouveau de la loi du 12 janvier 1895, au courant de la jurisprudence et de la doctrine les plus récentes, par E. Schaffhauser et H. Chevresson. — 1 vol. br. prix 4 fr. 50

Droit commercial. — Manuel de droit commercial, contenant l'exposé des règles générales et la solution des questions pratiques en matière commerciale par Emile Schaffhauser, docteur en droit, directeur des *Lois Nouvelles*. — 1 vol. in-18, br. prix 3 fr. 50

Enfants naturels. — Droits successoraux des enfants naturels, — Commentaire de la loi du 25 mars 1896 par E. Mesnard, conseiller à la cour d'Amiens. — 1 vol. br. prix. . . . . 3 fr. 50

Le Commentaire des tarifs en matière civile, concernant les avoués, greffiers, huissiers, notaires, commissaires-priseurs, etc., par O. Raviart, avoué honoraire, vice-président de la Conférence des avoués de 1re instance des départements. — 1 vol. in-8, broché, prix . . . . 8 fr.

Le Tarif des actes d'huissiers, par O. Raviart, 1 vol. in-8, broché, prix . . . . 6 fr.

Mayenne, Imprimerie Ch COLIN.

www.ingramcontent.com/pod-product-compliance
Lightning Source LLC
LaVergne TN
LVHW010337070726

842526LV00015BA/1807